O ritmo dissoluto

Manuel Bandeira

POESIAS

1924
Edição da
Revista de Língua Portuguesa
Rio de Janeiro

Capa da primeira edição do volume *Poesias*, de Manuel Bandeira, de 1924, no qual *O ritmo dissoluto* foi publicado pela primeira vez, juntamente com os anteriores *A cinza das horas* e *Carnaval*.

Manuel Bandeira na sua casa na rua do Curvelo, Santa Teresa, Rio de Janeiro, 1926.

Resenha sobre o livro veiculada no jornal *Correio da Manhã*, de 31 de outubro de 1925.

Água de fonte... água de oceano... água de pranto...
Água de rio...
Água de chuva, água cantante das levadas...
Têm para mim, todas, consolos de acalanto,
A que sorrio...

Manuel Bandeira

O ritmo dissoluto

Apresentação
Alcides Villaça

Coordenação Editorial
André Seffrin

São Paulo
2014

© **Condomínio dos Proprietários dos Direitos Intelectuais de Manuel Bandeira**
Direitos cedidos por Solombra – Agência Literária (solombra@solombra.org)
1ª Edição, Global Editora, São Paulo 2014

Jefferson L. Alves – diretor editorial
Gustavo Henrique Tuna – editor assistente
André Seffrin – coordenação editorial, estabelecimento de texto, cronologia e bibliografia
Flávio Samuel – gerente de produção
Flavia Baggio – assistente editorial
Daniel G. Mendes – revisão
Eduardo Okuno – projeto gráfico

Imagens:
Capa: Brazil, Bahia, 2000 Capoeira. Gilles Favier/Agence Vu/Latinstock.
p. 2, 4 (sup.) e 5: acervo pessoal de Manuel Bandeira, ora em guarda no Arquivo-Museu de Literatura Brasileira / Fundação Casa de Rui Barbosa-RJ.
p. 4 (inf.): Fundação Biblioteca Nacional-RJ.
Todas as iniciativas foram tomadas no sentido de estabelecer-se as suas autorias, o que não foi possível em todos os casos. Caso os autores se manifestem, a editora dispõe-se a creditá-los.
A Global Editora agradece à Solombra – Agência Literária pela gentil cessão dos direitos de imagem de Manuel Bandeira.

Obra atualizada conforme o
NOVO ACORDO ORTOGRÁFICO DA LÍNGUA PORTUGUESA

CIP-BRASIL. CATALOGAÇÃO NA FONTE
SINDICATO NACIONAL DOS EDITORES DE LIVROS, RJ

B166R
   Bandeira, Manuel, 1886-1968
     O ritmo dissoluto / Manuel Bandeira ; coordenador André Seffrin. – 1. ed. – São Paulo : Global, 2014.

   ISBN 978-85-260-2067-2

   1. Poesia brasileira. I. Seffrin, André. II. Título.

14-12043   CDD: 869.91
                                        CDU: 821.134.3(81)-1

Direitos Reservados

global editora e distribuidora ltda.
Rua Pirapitingui, 111 – Liberdade
CEP 01508-020 – São Paulo – SP
Tel.: (11) 3277-7999 – Fax: (11) 3277-8141
e-mail: global@globaleditora.com.br
www.globaleditora.com.br

Colabore com a produção científica e cultural.
Proibida a reprodução total ou parcial desta obra sem a autorização do editor.

Nº de Catálogo: **3733**

O ritmo dissoluto

Um lirismo verdadeiramente vivo

I. Um livro, uma poética

O ritmo dissoluto é o primeiro grande livro de poemas de Manuel Bandeira. Publicado no volume de *Poesias* (1924) acompanhado de dois livros anteriores (*A cinza das horas*, de 1917, e *Carnaval*, de 1919), deixa ver que o poeta nele encontrou e dominou uma fala mais pessoal, que vinha buscando ainda timidamente nos poemas melancólicos do livro de estreia ou nas investidas entre patéticas e aflitas do segundo. Certamente já havia beleza em vários momentos das obras iniciais, mas não se consumara ainda a conquista da voz íntima e segura com a qual o poeta, neste livro, passa a encarnar experiências vividas e convertidas numa linguagem que acolhe o leitor qual uma morada. Para se valer dos recursos que lhe dão a voz inconfundível, foi preciso desobrigar-se das medidas velhas, desviar-se do ritmo mecânico das batidas e das soluções da lírica mais tradicional, fugindo à pasmaceira acadêmica da nossa poesia dos primeiros anos do século XX e fortalecendo o modernismo de 1922.

A recepção crítica de *O ritmo dissoluto* foi controversa: houve quem visse o livro como "notação sucessiva de impressoes desagregadas umas das outras",[1] houve quem celebrasse o feito de o poeta vencer "as últimas barreiras da sujeição a regras que o tolhem demais",[2] e quem reconhecesse agora uma linguagem

---

1 BANDEIRA, Manuel. *Itinerário de Pasárgada*. São Paulo: Global Editora, 2012, p. 92.
2 Idem, Ibidem, p. 93.

"limpa de escolas, remansosamente perturbadora", investida da "beleza humilde de cada dia".[3] O próprio Bandeira considerou-o uma "transição [...] para a afinação poética dentro da qual cheguei, tanto no verso livre como nos versos metrificados e rimados, isso do ponto de vista da forma; e na expressão das minhas ideias e dos meus sentimentos, do ponto de vista do fundo, à completa liberdade de movimentos".[4]

Este livro promove um feito definitivo de Bandeira: a apropriação do poético que o toma de súbito, na força insuspeitada de um momento significativo que passaria sem registro não fosse a absorvente presença de quem o reconhece, o acolhe e o formaliza com fluência natural. O poeta está atento, por exemplo, às brincadeiras e ao duro trabalho das crianças que passam na rua ("Meninos carvoeiros"), à estatuazinha ordinária que lhe deram e que envelheceu com ele ("Gesso"), ao trabalho de se fazer e soltar um balão ("Na Rua do sabão"), aos olhos infantis que na feira se colam aos balões coloridos ("Balõezinhos"). Nesses poemas o poeta olha para fora e absorve, recriando-a, a intensidade das vivências mundanas, a poesia do que está à nossa volta e que perdemos por falta de atenção, de abertura afetiva, de linguagem. Ciente do âmbito aparentemente estreito das experiências líricas, Bandeira assim se identificou para seus leitores: "Sou poeta menor, perdoai!".[5] Esse "menor" diz respeito, de fato, à proximidade do que lhe estimula a sensibilidade – espécie de tesouro à mão que ele resgata e nos oferece com despojamento. Sujeito pleno dos pequenos eventos, Bandeira continua a mate-

---

3 Idem. Nota preliminar. In: Antônio Olinto. *Poesia completa e prosa.* Rio de Janeiro: Nova Aguilar, 1985, p. 178-179.

4 Idem. *Itinerário de Pasárgada.* São Paulo: Global Editora, 2012, p. 93.

5 Idem. Testamento. In: _____. *Lira dos cinquent'anos.* São Paulo: Global Editora, 2013, p. 81.

rializar com sua poesia, em nossos dias de massificação perdulária, a possibilidade de assumirmos o comando das escolhas que nos definem como pessoas. É um legado que pede discussão.

Noutras vezes o poeta olha bem para dentro, em momentos de reflexão limpa e funda ("Quando perderes o gosto humilde da tristeza..."), de memória viva ("Na solidão das noites úmidas"), de impressões sugestivas da natureza ("Felicidade", "Mar bravo"), de desejo pulsante ("O espelho"), de sublimação mística ("Balada de Santa Maria Egipcíaca"). Nesses cantos de interiorização mais fechada há ecos, não há dúvida, de uma melancolia antiga, mas agora capazes de maior variação rítmica e melódica, por vezes incorporando o registro da oralidade e da prosa. Bandeira, leitor erudito e familiarizado com distintas retóricas poéticas, nunca hesitará em se socorrer de qualquer recurso, velho, novo ou experimental, que considere apto a atender uma necessidade de expressão.

A maior parte dos poemas de *O ritmo dissoluto* foi escrita ao tempo em que o poeta, um solitário sem ressentimento, morou no morro do Curvelo, no apartamento que era também seu "posto de observação da pobreza mais dura e mais valente".[6] Outros poemas compôs em Petrópolis, onde buscava melhores ares para a saúde debilitada. A sombra da doença e da morte prematura, que o rondou desde moço, apurou nele a urgência de viver e alargar a hora transitória, a visão do poético, a sensibilização do corpo. Munido de humildade, mas sobretudo da garra dos estoicos, firmou-se como senhor de seus limites pessoais – o que parece ecoar este postulado de Sêneca: "O maior impedimento para viver é a expectativa, que tende para o amanhã

---

6   Idem. *Itinerário de Pasárgada*. São Paulo: Global Editora, 2012, p. 82.

e faz perder o momento presente".[7] Bandeira funde a poesia da vida na vida da poesia, numa unificação orgânica a um tempo simples e rara. Para ser bem apreciada, tal conjunção requer do leitor atenção similar à que o poeta dedicou às vivências que tornou poemas. Lê-los com o interesse do afeto e da compreensão (tentemos sempre a voz alta) coloca-nos a nós mesmos como sujeitos possíveis de uma linguagem pessoal, num revelador espelhamento.

II. Duas leituras: a estatuazinha e o balão

Entre os poemas antológicos deste livro, escolho dois para leitura comentada: "Gesso" e "Na Rua do sabão". Cada um, a seu modo, expõe nos detalhes de construção e na perspectiva existencial assumida a essência mesma do lirismo de Bandeira, a poética implícita, o chão em que assenta sua criação.

"Gesso" é talvez o poema mais representativo dos fundamentos da vida e da arte de Bandeira. Ele resume operações que definem, em essência, sua personalidade e seu modo de compor.

Presenteado há muito tempo com uma "estatuazinha", um "gessozinho comercial", objeto fabricado em série e com pretensão artística, o sujeito não se liga à emoção encenada pela figura que chorava: branco, sem marcas, o gesso é sem vida e evidencia apenas a impessoalidade da padronização. A arte não vive da mera indicação de uma emoção, precisa realizá-la – ensina o poeta.

> Esta minha estatuazinha de gesso, quando nova
>
> – O gesso muito branco, as linhas muito puras, –

---

7 SÊNECA. *Sobre a brevidade da vida*. São Paulo: Nova Alexandria, 1993, p. 37.

Mal sugeria imagem de vida
(Embora a figura chorasse).

Mas o tempo passa, e deixa marcas: a estatuazinha vai-se mostrando desgastada, corroída, manchada, desde que "Há muitos anos tenho-a comigo.". A expressão "ter comigo", mais que indicar posse, conota o compartilhamento afetivo de um espaço e de um tempo íntimo, o convívio, a cumplicidade. O olhar habitual do poeta não se dá como relação mecânica entre sujeito e objeto, mas promove uma *impregnação*: o sentimento vivo, fundo e irônico do indivíduo frágil transfunde-se no gesso que envelhece com ele. A estatuazinha, que de início nada lhe dizia, agora o expressa e o espelha.

Os meus olhos, de tanto a olharem,
Impregnaram-na da minha humanidade irônica de tísico.

E veio o mau destino: alguém derrubou e partiu "a figurinha que chorava". Inconformado, o poeta *ajoelha-se* com raiva, *recolhe* os fragmentos, *recompõe* a estatuazinha. Eis aqui três operações fundamentais da poética de Bandeira: num misto de humildade e rebeldia desafiadora, ajoelha-se, sim, mas com raiva animosa; recolhe os cacos, não aceitando sua dispersão e fragmentação (dispersão e fragmentação que tantas vezes estão no centro da criação artística moderna); enfim, reconstitui a estatuazinha. Alterada pela queda e pela restauração amorosa do poeta, o gessozinho comercial segue fazendo-lhe companhia, cada vez mais denunciando a ação do tempo. "Gessozinho comercial"? Longe disso: a estatuazinha, agora comovente e viva, também encarna as marcas pessoais das experiências. Convertida em sujeito, ela é agora *ativa* e *faz* refletir sobre a condição do sofrimento humano, que nos prova verdadeiramente vivos. O último verso do poema intensifica uma lição: as consequências materiais da passagem do tempo, a disposição diante da adversidade e o interesse pela presença do outro resumem a provação do viver, a ser sofrida com sabedoria. A historieta mostra, ao modo de um mito gerado no espaço doméstico, que mesmo o elemento mais banal converte-se em poesia, se integrado à esfera lírica do sujeito. Este, por sua vez, beneficia-se da expressão da matéria em que passa a reconhecer sua própria identidade afetiva. Bandeira encontrou nos eventos mínimos a extensão essencial de sua subjetividade profunda.

Hoje este gessozinho comercial
É tocante e vive, e me faz agora refletir
Que só é verdadeiramente vivo o que já sofreu.[8]

Na obra-prima "Na Rua do Sabão", o ponto de partida são versos de uma tradicional canção. Bandeira recolhe da cultura popular e do espaço da rua personagens, cenas e narrativas a que dá lastro poético inconfundível. Aqui, o protagonista é José, filho de lavadeira, empregado em gráfica de jornal e tísico que "tosse muito". Nesses limites de pobreza e doença, mesmo os sonhos mais simples *custam* muito: "O que custou arranjar aquele balãozinho de papel!": custou dinheiro, o trabalho de fazer, o esforço para soltar. O poeta acompanha de perto a produção material do balão, etapa por etapa, particularizando e valorizando cada passo da operação. Findo esse desafio, surge outro: fazê-lo subir, "criar fôlego" – providência custosa tanto para o balão quanto para o tísico José. Como se não bastasse,

---

8   BANDEIRA, Manuel. Gesso. In: _____. *O ritmo dissoluto*. São Paulo: Global Editora, 2014, p. 57.

há a violência invejosa da molecada da rua e a ameaça do senhor vigilante da lei.

> Levou tempo para criar fôlego.
> Bambeava, tremia todo e mudava de cor.
> A molecada da Rua do Sabão
> Gritava com maldade:
> Cai cai balão![9]

Ainda assim, o balão sobe, na operação que o poeta acompanha com vagar e simpatia: "E foi subindo... / para longe... / serenamente... / Como se o enchesse o soprinho tísico do José." Neste último verso, a hipótese apenas fantasiosa ("como se...") repercute no leitor como afirmação: o soprinho do José viaja, sim, no interior do balão que sobe e ganha distância, iluminado no céu. Mais que simples artefato, o balãozinho materializa-se e eleva-se como símbolo e evidência de um desejo realizado. As privações de José sublimam-se no alto: o balão *cai*, sim, mas no *alto-mar*, numa queda singular que é também elevação. O realismo de Bandeira marcou o limite do voo do balãozinho do José. Em sua poesia, a aceitação dos limites não redunda em resignação e perda, mas em altivez madura e em conquista pessoal: é a marca mais forte dessa voz lírica, assumida em *O ritmo dissoluto*.

ALCIDES VILLAÇA

---

9   Idem. Na Rua do Sabão. In: Ibidem, p. 63.

O ritmo dissoluto

O silêncio

Na sombra cúmplice do quarto,
Ao contacto das minhas mãos lentas,
A substância da tua carne
Era a mesma que a do silêncio.

Do silêncio musical, cheio
De sentido místico e grave,
Ferindo a alma de um enleio
Mortalmente agudo e suave.

Ah, tão suave e tão agudo!
Parecia que a morte vinha...
Era o silêncio que diz tudo
O que a intuição mal adivinha.

É o silêncio da tua carne.
Da tua carne de âmbar, nua,
Quase a espiritualizar-se
Na aspiração de mais ternura.

O menino doente

O menino dorme.

Para que o menino
Durma sossegado,
Sentada a seu lado
A mãezinha canta:

– "Dodói, vai-te embora!
"Deixa o meu filhinho.
"Dorme... dorme... meu..."

Morta de fadiga,
Ela adormeceu.

Então, no ombro dela,
Um vulto de santa,
Na mesma cantiga,
Na mesma voz dela,
Se debruça e canta:

– "Dorme, meu amor.
"Dorme, meu benzinho..."

E o menino dorme.

Balada de Santa Maria Egipcíaca

Santa Maria Egipcíaca seguia
Em peregrinação à terra do Senhor.

Caía o crepúsculo, e era como um triste sorriso de
[mártir.

Santa Maria Egipcíaca chegou
À beira de um grande rio.
Era tão longe a outra margem!
E estava junto à ribanceira,
Num barco,
Um homem de olhar duro.

Santa Maria Egipcíaca rogou:
– Leva-me ao outro lado.
Não tenho dinheiro. O Senhor te abençoe.

O homem duro fitou-a sem dó.

Caía o crepúsculo, e era como um triste sorriso de
[mártir.

– Não tenho dinheiro. O Senhor te abençoe.
Leva-me ao outro lado.

O homem duro escarneceu: – Não tens dinheiro,
Mulher, mas tens teu corpo. Dá-me o teu corpo, e
[vou levar-te.

E fez um gesto. E a santa sorriu,
Na graça divina, ao gesto que ele fez.

Santa Maria Egipcíaca despiu
O manto, e entregou ao barqueiro
A santidade da sua nudez.

O espelho

Ardo em desejo na tarde que arde!
Oh, como é belo dentro de mim
Teu corpo de ouro no fim da tarde:
Teu corpo que arde dentro de mim
Que ardo contigo no fim da tarde!

Num espelho sobrenatural,
No infinito (e esse espelho é o infinito?...)
Vejo-te nua, como num rito,
À luz também sobrenatural,
Dentro de mim, nua no infinito!

De novo em posse da virgindade,
– Virgem, mas sabendo toda a vida –
No ambiente da minha soledade,
De pé, toda nua, na virgindade
Da revelação primeira da vida!

Na solidão das noites úmidas

Como tenho pensado em ti na solidão das noites
                                    [úmidas,
De névoa úmida,
Na areia úmida!
Eu te sabia assim também, assim olhando a mesma
                                    [cousa
No ermo da noite que repousa.
E era como se a vida,
Mansa, pousasse as mãos sobre a minha ferida...

Mas, ah! como eu sentia
A falta de teu ser de volúpia e tristeza!
O mar... Onde se via o movimento da água,
Era como se a água estremecesse em mil sorrisos.
Como uma carne de mulher sob a carícia.
O luar era um afago tão suave,
– Tão imaterial –
E ao mesmo tempo tão voluptuoso e tão grave!
O luar era a minha inefável carícia:
A água era teu corpo a estremecer-se com delícia.

Ah, em música pôr o que eu então sentia!
Unir no espasmo da harmonia
Esses dois ritmos contrastantes:

O frêmito tão perdidamente alegre de amor sob a

[carícia

E essa grave volúpia da luz branca.

Oh, viver contigo!

Viver contigo todos os instantes...

Vivermos juntos, como seria viver a verdadeira vida,

Harmoniosa e pura,

Sem lastimar a fuga irreparável dos anos,

Dos anos lentos e monótonos que passam,

Esperando sempre que maior ventura

Viesse um dia no beijo infinito da mesma morte...

Felicidade

A doce tarde morre. E tão mansa
Ela esmorece,
Tão lentamente no céu de prece,
Que assim parece, toda repouso,
Como um suspiro de extinto gozo
De uma profunda, longa esperança
Que, enfim cumprida, morre, descansa...

E enquanto a mansa tarde agoniza,
Por entre a névoa fria do mar
Toda a minh'alma foge na brisa:
Tenho vontade de me matar!

Oh, ter vontade de se matar...
Bem sei é cousa que não se diz.
Que mais a vida me pode dar?
Sou tão feliz!

– Vem, noite mansa...

Murmúrio d'água

Murmúrio d'água, és tão suave a meus ouvidos...
Faz tanto bem à minha dor teu refrigério!
Nem sei passar sem teu murmúrio a meus ouvidos,
Sem teu suave, teu afável refrigério.

Água de fonte... água de oceano... água de pranto...
Água de rio...
Água de chuva, água cantante das levadas...
Têm para mim, todas, consolos de acalanto,
A que sorrio...

A que sorri a minha cínica descrença.
A que sorri o meu opróbrio de viver.
A que sorri o mais profundo desencanto
Do mais profundo e mais recôndito em meu ser!
Sorriem como aqueles cegos de nascença
Aos quais Jesus de súbito fazia ver...

A minha mãe ouvi dizer que era minh'ama
Tranquila e mansa.
Talvez ouvi, quando criança,
Cantigas tristes que cantou à minha cama,
Talvez por isso eu me comova a aquela mágoa.
Talvez por isso eu me comova tanto à mágoa
Do teu rumor, murmúrio d'água...

A meiga e triste rapariga
Punha talvez nessa cantiga
A sua dor e mais a dor de sua raça...
Pobre mulher, sombria filha da desgraça!

– Murmúrio d'água, és a cantiga de minh'ama.

Mar bravo

Mar que ouvi sempre cantar murmúrios
Na doce queixa das elegias,
Como se fosses, nas tardes frias
De tons purpúreos,
A voz das minhas melancolias:

Com que delícia neste infortúnio,
Com que selvagem, profundo gozo,
Hoje te vejo bater raivoso,
Na maré-cheia de novilúnio,
Mar rumoroso!

Com que amargura mordes a areia,
Cuspindo a baba da acre salsugem,
No torvelinho de ondas que rugem
Na maré-cheia,
Mar de sargaços e de amarugem!

As minhas cóleras homicidas,
Meus velhos ódios de iconoclasta,
Quedam-se absortos diante da vasta,
Pérfida vaga que tudo arrasta,
Mar que intimidas!

Em tuas ondas precipitadas,
Onde flamejam lampejos ruivos,
Gemem sereias despedaçadas,
Em longos uivos
Multiplicados pelas quebradas.

Mar que arremetes, mas que não cansas,
Mar de blasfêmias e de vinganças,
Como te invejo! Dentro em meu peito
Eu trago um pântano insatisfeito
De corrompidas desesperanças!...

1913

Carinho triste

A tua boca ingênua e triste
E voluptuosa, que eu saberia fazer
Sorrir em meio dos pesares e chorar em meio das
[alegrias,
A tua boca ingênua e triste
É dele quando ele bem quer.

Os teus seios miraculosos,
Que amamentaram sem perder
O precário frescor da pubescência,
Teus seios, que são como os seios intactos das
[virgens,
São dele quando ele bem quer.

O teu claro ventre,
Onde como no ventre da terra ouço bater
O mistério de novas vidas e de novos pensamentos,
Teu ventre, cujo contorno tem a pureza da linha de
[mar e céu ao pôr do sol,
É dele quando ele bem quer.

Só não é dele a tua tristeza,
Tristeza dos que perderam o gosto de viver.
Dos que a vida traiu impiedosamente.

Tristeza de criança que se deve afagar e acalentar.
(A minha tristeza também!...)
Só não é dele a tua tristeza, ó minha triste amiga!
Porque ele não a quer.

1913

Bélgica

Bélgica dos canais de labor perseverante,
Que a usura das cousas, tempo afora,
Tempo adiante,
Fez para agora e para jamais
Canais de infinita, enternecida poesia...

Bélgica dos canais, Bélgica de cujos canais
Saiu ao mar mais de uma ingênua vela branca...
Mais de uma vela nova... mais de uma vela virgem...
Bélgica das velas brancas e virgens!

Bélgica dos velhos paços municipais,
Úmidos da nostalgia
De um nobre passado irrevocável.

Bélgica dos pintores flamengos.
Bélgica onde Verlaine escreveu *Sagesse*.

Bélgica das beguines,
Das humildes beguines de mãos postas, em prece,
Sob os toucados de linho simbólicos.
Bélgica de Malines.
Bélgica de Bruges-a-morta...
Bélgica dos carrilhões católicos.

Bélgica dos poetas iniciadores.

Bélgica de Maeterlinck
(*La Mort de Tintagiles, Pelléas et Mélisande*),
Bélgica de Verhaeren e dos campos alucinados da
[Flandres.

Bélgica das velas ingênuas e virgens.

A vigília de Hero

Tu amarás outras mulheres
E tu me esquecerás!
É tão cruel, mas é a vida. E no entretanto
Alguma coisa em ti pertence-me!
Em mim alguma coisa és tu.
O lado espiritual do nosso amor
Nos marcou para sempre.
Oh, vem em pensamento nos meus braços!
Que eu te afeiçoe e acaricie...

Não sei por que te falo assim de coisas que não são.
Esta noite, de súbito, um aperto
De coração tão vivo e lancinante
Tive ao pensar numa separação!
Não sei que tenho, tão ansiosa e sem motivo.
Queria ver-te... estar ao pé de ti...
Cruel volúpia e profunda ternura dilaceram-me!

É como uma corrida, em minhas veias,
De fúrias e de santas para a ponta dos meus dedos
Que queriam tomar tua cabeça amada,
Afagar tua fronte e teus cabelos,
Prender-te a mim por que jamais tu me escapasses!

Oh, quisera não ser tão voluptuosa!
E todavia
Quanta delícia ao nosso amor traz a volúpia!
Mas faz sofrer... inquieta...
Ah, com que poderei contentá-la jamais?
Quisera calmá-la na música... Ouvir muito, ouvir
[muito...
Sinto-me terna... e sou cruel e melancólica!

Possui-me como sou na ampla noite pressaga!
Sente o inefável! Guarda apenas a ventura
Do meu desejo ardendo a sós
Na treva imensa... Ah, se eu ouvisse a tua voz!

Os sinos

Sino de Belém,
Sino da Paixão...

Sino de Belém,
Sino da Paixão...

Sino do Bonfim!...
Sino do Bonfim!...

*

Sino de Belém, pelos que inda vêm!
Sino de Belém bate bem-bem-bem.

Sino da Paixão, pelos que lá vão!
Sino da Paixão bate bão-bão-bão.

Sino do Bonfim, por quem chora assim?...

*

Sino de Belém, que graça ele tem!
Sino de Belém bate bem-bem-bem.

Sino da Paixão – pela minha mãe!
Sino da Paixão – pela minha irmã!

Sino do Bonfim, que vai ser de mim?...

*

Sino de Belém, como soa bem!
Sino de Belém bate bem-bem-bem.

Sino da Paixão... Por meu pai?... – Não! Não!...
Sino da Paixão bate bão-bão-bão.

Sino do Bonfim, baterás por mim?...

*

Sino de Belém,
Sino da Paixão...
Sino da Paixão, pelo meu irmão...

Sino da Paixão,
Sino do Bonfim...
Sino do Bonfim, ai de mim, por mim!

*

Sino de Belém, que graça ele tem!

Madrigal melancólico

O que eu adoro em ti,
Não é a tua beleza.
A beleza, é em nós que ela existe.
A beleza é um conceito.
E a beleza é triste.
Não é triste em si,
Mas pelo que há nela de fragilidade e de incerteza.

O que eu adoro em ti,
Não é a tua inteligência.
Não é o teu espírito sutil,
Tão ágil, tão luminoso,
– Ave solta no céu matinal da montanha.
Nem é a tua ciência
Do coração dos homens e das coisas.

O que eu adoro em ti,
Não é a tua graça musical,
Sucessiva e renovada a cada momento,
Graça aérea como o teu próprio pensamento,
Graça que perturba e que satisfaz.

O que eu adoro em ti,
Não é a mãe que já perdi.
Não é a irmã que já perdi.
E meu pai.

O que eu adoro em tua natureza,

Não é o profundo instinto maternal

Em teu flanco aberto como uma ferida.

Nem a tua pureza. Nem a tua impureza.

O que eu adoro em ti – lastima-me e consola-me!

O que eu adoro em ti, é a vida.

11 de julho de 1920

Quando perderes o gosto humilde da tristeza...

Quando perderes o gosto humilde da tristeza,
Quando, nas horas melancólicas do dia,
Não ouvires mais os lábios da sombra
Murmurarem ao teu ouvido
As palavras de voluptuosa beleza
Ou de casta sabedoria;

Quando a tua tristeza não for mais que amargura,
Quando perderes todo estímulo e toda crença,
– A fé no bem e na virtude,
A confiança nos teus amigos e na tua amante,
Quando o próprio dia se te mudar em noite escura
De desconsolação e malquerença;

Quando, na agonia de tudo o que passa
Ante os olhos imóveis do infinito,
Na dor de ver murcharem as rosas,
E como as rosas tudo o que é belo e frágil,
Não sentires em teu ânimo aflito
Crescer a ânsia de vida como uma divina graça;

Quando tiveres inveja, quando o ciúme
Crestar os últimos lírios de tua alma desvirginada;
Quando em teus olhos áridos
Estancarem-se as fontes das suaves lágrimas

Em que se amorteceu o pecaminoso lume
De tua inquieta mocidade:

Então, sorri pela última vez, tristemente,
A tudo o que outrora
Amaste. Sorri tristemente...
Sorri mansamente... em um sorriso pálido... pálido
Como o beijo religioso que puseste
Na fronte morta de tua mãe... sobre a sua fronte
[morta...

A estrada

Esta estrada onde moro, entre duas voltas do
                                    [caminho,
Interessa mais que uma avenida urbana.
Nas cidades todas as pessoas se parecem.
Todo o mundo é igual. Todo o mundo é toda a gente.
Aqui, não: sente-se bem que cada um traz a sua
                                          [alma.
Cada criatura é única.
Até os cães.
Estes cães da roça parecem homens de negócios:
Andam sempre preocupados.
E quanta gente vem e vai!
E tudo tem aquele caráter impressivo que faz
                                    [meditar:
Enterro a pé ou a carrocinha de leite puxada por um
                            [bodezinho manhoso.
Nem falta o murmúrio da água, para sugerir, pela
                              [voz dos símbolos,
Que a vida passa! que a vida passa!
E, que a mocidade vai acabar.

Petrópolis, 1921

Meninos carvoeiros

Os meninos carvoeiros
Passam a caminho da cidade.
– Eh, carvoero!
E vão tocando os animais com um relho enorme.

Os burros são magrinhos e velhos.
Cada um leva seis sacos de carvão de lenha.
A aniagem é toda remendada.
Os carvões caem.

(Pela boca da noite vem uma velhinha que os recolhe,
[dobrando-se com um gemido.)

– Eh, carvoero!
Só mesmo estas crianças raquíticas
Vão bem com estes burrinhos descadeirados.
A madrugada ingênua parece feita para eles...
Pequenina, ingênua miséria!
Adoráveis carvoeirinhos que trabalhais como se
[brincásseis!
– Eh, carvoero!

Quando voltam, vêm mordendo num pão
[encarvoado,
Encarapitados nas alimárias,

Apostando corrida,
Dançando, bamboleando nas cangalhas como
[espantalhos desamparados!

Petrópolis, 1921

Sob o céu todo estrelado

As estrelas, no céu muito límpido, brilhavam,
[divinamente distantes.
Vinha da caniçada o aroma amolecente dos jasmins.
E havia também, num canteiro perto, rosas que
[cheiravam a jambo.
Um vaga-lume abateu sobre as hortênsias e ali ficou
[luzindo misteriosamente.
À parte as águas de um córrego contavam a eterna
[história sem começo nem fim.
Havia uma paz em tudo isso...
(Era de resto o que dizia lá dentro o meigo adágio
[de Haydn.)
Tudo isso era tão tranquilo... tão simples...
E deverias dizer que foi o teu momento mais feliz.

Petrópolis, 1921

Noturno da Mosela

A noite... O silêncio...
Se fosse só o silêncio!
Mas esta queda-d'água que não para! que não para!
Não é de dentro de mim que ela flui sem piedade?...
A minha vida foge, foge, – e sinto que foge
[inutilmente!

O silêncio e a estrada ensopada, com dois reflexos
[intermináveis...

Fumo até quase não sentir mais que a brasa e a cinza
[em minha boca.
O fumo faz mal aos meus pulmões comidos pelas
[algas.
O fumo é amargo e abjeto. Fumo abençoado, que és
[amargo e abjeto!

Uma pequenina aranha urde no peitoril da janela a
[teiazinha levíssima.

Tenho vontade de beijar esta aranhazinha...

No entanto em cada charuto que acendo cuido
[encontrar o gosto que faz esquecer...

Os meus retratos... Os meus livros... O meu crucifixo
[de marfim...
E a noite...

Petrópolis, 1921

Gesso

Esta minha estatuazinha de gesso, quando nova
– O gesso muito branco, as linhas muito puras, –
Mal sugeria imagem de vida
(Embora a figura chorasse).

Há muitos anos tenho-a comigo.
O tempo envelheceu-a, carcomeu-a, manchou-a de
[pátina amarelo-suja.
Os meus olhos, de tanto a olharem,
Impregnaram-na da minha humanidade irônica de
[tísico.

Um dia mão estúpida
Inadvertidamente a derrubou e partiu.
Então ajoelhei com raiva, recolhi aqueles tristes
[fragmentos, recompus a figurinha
[que chorava.
E o tempo sobre as feridas escureceu ainda mais o
[sujo mordente da pátina...

Hoje este gessozinho comercial
É tocante e vivo, e me fez agora refletir
Que só é verdadeiramente vivo o que já sofreu.

A mata

A mata agita-se, revoluteia, contorce-se toda e
                                    [sacode-se!
A mata hoje tem alguma coisa para dizer.
E ulula, e contorce-se toda, como a atriz de uma
                            [pantomima trágica.

Cada galho rebelado
Inculca a mesma perdida ânsia.
Todos eles sabem o mesmo segredo pânico.
Ou então – é que pedem desesperadamente a mesma
                            [instante coisa.

Que saberá a mata? Que pedirá a mata?
Pedirá água?
Mas a água despenhou-se há pouco, fustigando-a,
                    [escorraçando-a, saciando-a
                        [como aos alarves.
Pedirá o fogo para a purificação das necroses
                            [milenárias?
Ou não pede nada, e quer falar e não pode?
Terá surpreendido o segredo da terra pelos ouvidos
                    [finíssimos das suas raízes?

A mata agita-se, revoluteia, contorce-se toda e
                                    [sacode-se!
A mata está hoje como uma multidão em delírio
                            [coletivo.

Só uma touça de bambus, à parte,
Balouça levemente... levemente... levemente...
E parece sorrir do delírio geral.

Petrópolis, 1921

Noite morta

Noite morta.
Junto ao poste de iluminação
Os sapos engolem mosquitos.

Ninguém passa na estrada.
Nem um bêbado.

No entanto há seguramente por ela uma procissão
[de sombras.
Sombras de todos os que passaram.
Os que ainda vivem e os que já morreram.

O córrego chora.
A voz da noite...

(Não desta noite, mas de outra maior.)

Petrópolis, 1921

Na Rua do Sabão

Cai cai balão
Cai cai balão
Na Rua do Sabão!

O que custou arranjar aquele balãozinho de papel!
Quem fez foi o filho da lavadeira.
Um que trabalha na composição do jornal e tosse
[muito.
Comprou o papel de seda, cortou-o com amor,
[compôs os gomos oblongos...
Depois ajustou o morrão de pez ao bocal de arame.

Ei-lo agora que sobe, − pequena coisa tocante na
[escuridão do céu.

Levou tempo para criar fôlego.
Bambeava, tremia todo e mudava de cor.
A molecada da Rua do Sabão
Gritava com maldade:
Cai cai balão!

Subitamente, porém, entesou, enfunou-se e arrancou
[das mãos que o tenteavam.

E foi subindo...

            para longe...

                        serenamente...

Como se o enchesse o soprinho tísico do José.

Cai cai balão!

A molecada salteou-o com atiradeiras

           assobios

           apupos

           pedradas.

Cai cai balão!

Um senhor advertiu que os balões são proibidos

              [pelas posturas municipais.

Ele foi subindo...

           muito serenamente...

                    para muito longe...

Não caiu na Rua do Sabão.

Caiu muito longe... Caiu no mar, – nas águas puras

                  [do mar alto.

Berimbau

Os aguapés dos aguaçais
Nos igapós dos Japurás
Bolem, bolem, bolem.
Chama o saci: – Si si si si!
– Ui ui ui ui ui! uiva a iara
Nos aguaçais dos igapós
Dos Japurás e dos Purus.

A mameluca é uma maluca.
Saiu sozinha da maloca –
O boto bate – bite bite...
Quem ofendeu a mameluca?
– Foi o boto!
O Cussaruim bota quebrantos.
Nos aguaçais os aguapés
– Cruz, canhoto! –
Bolem... Peraus dos Japurás
De assombramentos e de espantos!...

Balõezinhos

Na feira livre do arrabaldezinho
Um homem loquaz apregoa balõezinhos de cor:
– "O melhor divertimento para as crianças!"
Em redor dele há um ajuntamento de menininhos
                                  [pobres,
Fitando com olhos muito redondos os grandes
                   [balõezinhos muito redondos.

No entanto a feira burburinha.
Vão chegando as burguesinhas pobres,
E as criadas das burguesinhas ricas,
E mulheres do povo, e as lavadeiras da redondeza.

Nas bancas de peixe,
Nas barraquinhas de cereais,
Junto às cestas de hortaliças
O tostão é regateado com acrimônia.

Os meninos pobres não veem as ervilhas tenras,
Os tomatinhos vermelhos,
Nem as frutas,
Nem nada.

Sente-se bem que para eles ali na feira os balõezinhos
               [de cor são a única mercadoria útil e
                    [verdadeiramente indispensável.

O vendedor infatigável apregoa:
– "O melhor divertimento para as crianças!"
E em torno do homem loquaz os menininhos pobres
[fazem um círculo inamovível
[de desejo e espanto.

Cronologia

1886

A 19 de abril, nasce Manuel Carneiro de Souza Bandeira Filho, em Recife. Seus pais, Manuel Carneiro de Souza Bandeira e Francelina Ribeiro de Souza Bandeira.

1890

A família se transfere para o Rio de Janeiro, depois para Santos, São Paulo e novamente para o Rio de Janeiro.

1892

Volta para Recife.

1896-1902

Novamente no Rio de Janeiro, cursa o externato do Ginásio Nacional, atual Colégio Pedro II.

1903-1908

Transfere-se para São Paulo, onde cursa a Escola Politécnica. Por influência do pai, começa a estudar arquitetura. Em 1904, doente (tuberculose), volta ao Rio de Janeiro para se tratar. Em seguida, ainda em tratamento, reside em Campanha, Teresópolis, Maranguape, Uruquê e Quixeramobim.

1913

Segue para a Europa, para tratar-se no sanatório de Clavadel, Suíça. Tenta publicar um primeiro livro, *Poemetos melancólicos*, perdido no sanatório quando o poeta retorna ao Brasil.

1916

Morre a mãe do poeta.

1917

Publica o primeiro livro, *A cinza das horas*.

1918

Morre a irmã do poeta, sua enfermeira desde 1904.

1919

Publica *Carnaval.*

1920

Morre o pai do poeta.

1922

Em São Paulo, Ronald de Carvalho lê o poema "Os sapos", de *Carnaval*, na Semana de Arte Moderna. Morre o irmão do poeta.

1924

Publica *Poesias*, que reúne *A cinza das horas*, *Carnaval* e *O ritmo dissoluto.*

1925

Começa a escrever para o "Mês Modernista", página dos modernistas em *A Noite.*
Exerce a crítica musical nas revistas *A Ideia Ilustrada* e *Ariel.*

1926

Como jornalista, viaja por Salvador, Recife, João Pessoa, Fortaleza, São Luís e Belém.

1928-1929

Viaja a Minas Gerais e São Paulo. Como fiscal de bancas examinadoras, viaja para Recife. Começa a escrever crônicas para o *Diário Nacional*, de São Paulo, e *A Província*, do Recife.

1930

Publica *Libertinagem.*

1935

Nomeado pelo ministro Gustavo Capanema inspetor de ensino secundário.

1936

Publica *Estrela da manhã*, em edição fora de comércio.

Os amigos publicam *Homenagem a Manuel Bandeira*, com poemas, estudos críticos e comentários sobre sua vida e obra.

1937

Publica *Crônicas da Província do Brasil, Poesias escolhidas* e *Antologia dos poetas brasileiros da fase romântica*.

1938

Nomeado pelo ministro Gustavo Capanema professor de literatura do Colégio Pedro II e membro do Conselho Consultivo do Departamento do Patrimônio Histórico e Artístico Nacional.

Publica *Antologia dos poetas brasileiros da fase parnasiana* e o ensaio *Guia de Ouro Preto*.

1940

Publica *Poesias completas* e os ensaios *Noções de história das literaturas* e *A autoria das "Cartas chilenas"*.
Eleito para a Academia Brasileira de Letras.

1941

Exerce a crítica de artes plásticas em *A Manhã*, do Rio de Janeiro.

1942

Eleito para a Sociedade Felipe d'Oliveira. Organiza *Sonetos completos e poemas escolhidos*, de Antero de Quental.

1943

Nomeado professor de literatura hispano-americana na Faculdade Nacional de Filosofia. Deixa o Colégio Pedro II.

1944

Publica uma nova edição ampliada das suas *Poesias completas* e organiza *Obras poéticas*, de Gonçalves Dias.

1945

Publica *Poemas traduzidos*.

1946

Publica *Apresentação da poesia brasileira, Antologia dos poetas*

brasileiros bissextos contemporâneos e, no México, *Panorama de la poesía brasileña.*
Conquista o Prêmio de Poesia do IBEC.

1948

Publica *Mafuá do malungo: jogos onomásticos e outros versos de circunstância*, em edição fora de comércio, um novo volume de *Poesias escolhidas* e novas edições aumentadas de *Poesias completas* e *Poemas traduzidos.*
Organiza *Rimas*, de José Albano.

1949

Publica o ensaio *Literatura hispano-americana.*

1951

A convite de amigos, candidata-se a deputado pelo Partido Socialista Brasileiro, mas não se elege.
Publica nova edição, novamente aumentada, das *Poesias completas.*

1952

Publica *Opus 10*, em edição fora de comércio, e a biografia *Gonçalves Dias.*

1954

Publica as memórias *Itinerário de Pasárgada* e o livro de ensaios *De poetas e de poesia.*

1955

Publica *50 poemas escolhidos pelo autor* e *Poesias*. Começa a escrever crônicas para o *Jornal do Brasil*, do Rio de Janeiro, e *Folha da Manhã*, de São Paulo.

1956

Publica o ensaio *Versificação em língua portuguesa*, uma nova edição de *Poemas traduzidos* e, em Lisboa, *Obras poéticas.*
Aposenta-se compulsoriamente como professor de literatura hispano-americana da Faculdade Nacional de Filosofia.

1957

Publica o livro de crônicas *Flauta de papel* e a edição conjunta *Itinerário de Pasárgada/De poetas e de poesia.*
Viaja para Holanda, Inglaterra e França.

1958

Publica *Poesia e prosa* (obra reunida, em dois volumes), a antologia *Gonçalves Dias*, uma nova edição de *Noções de história das literaturas* e, em Washington, *Brief History of Brazilian Literature*.

1960

Publica *Pasárgada*, *Alumbramentos* e *Estrela da tarde*, todos em edição fora de comércio, e, em Paris, *Poèmes*.

1961

Publica *Antologia poética*. Começa a escrever crônicas para o programa *Quadrante*, da Rádio Ministério da Educação.

1962

Publica *Poesia e vida de Gonçalves Dias*.

1963

Publica a segunda edição de *Estrela da tarde* (acrescida de poemas inéditos e da tradução de *Auto sacramental do Divino Narciso*, de Sóror Juana Inés de la Cruz) e a antologia *Poetas do Brasil*, organizada em parceria com José Guilherme Merquior. Começa a escrever crônicas para o programa *Vozes da cidade*, da Rádio Roquette-Pinto.

1964

Publica em Paris o livro *Manuel Bandeira*, com tradução e organização de Michel Simon, e, em Nova York, *Brief History of Brazilian Literature*.

1965

Publica *Rio de Janeiro em prosa & verso*, livro organizado em parceria com Carlos Drummond de Andrade, *Antologia dos poetas brasileiros da fase simbolista* e, em edição fora de comércio, o álbum *Preparação para a morte*.

1966

Recebe, das mãos do presidente da República, a Ordem do Mérito Nacional.
Publica *Os reis vagabundos e mais 50 crônicas*, com organização de Rubem Braga, *Estrela da vida inteira* (poesia completa) e o livro de crônicas *Andorinha, andorinha*, com organização de Carlos Drummond de Andrade.

Conquista o título de Cidadão Carioca, da Assembleia Legislativa do Estado da Guanabara, e o Prêmio Moinho Santista.

1967

Publica *Poesia completa e prosa*, em volume único, e a *Antologia dos poetas brasileiros da fase moderna*, em dois volumes, organizada em parceria com Walmir Ayala.

1968

Publica o livro de crônicas *Colóquio unilateralmente sentimental*. Falece a 13 de outubro, no Rio de Janeiro.

Bibliografia básica sobre Manuel Bandeira

ANDRADE, Carlos Drummond de. Entre Bandeira e Oswald de Andrade. In: _____. *Tempo vida poesia*: confissões no rádio. Rio de Janeiro: Record, 1986.

_____. Manuel Bandeira. In: _____. *Passeios na ilha*: divagações sobre a vida literária e outras matérias. Rio de Janeiro: Organização Simões, 1952.

_____ et al. *Homenagem a Manuel Bandeira*. Rio de Janeiro: Typ. do *Jornal do Commercio*, 1936. 2. ed. fac-similar. São Paulo: Metal Leve, 1986.

ANDRADE, Mário de. A poesia em 1930. In: _____. *Aspectos da literatura brasileira*. 5. ed. São Paulo: Martins, 1974.

ARRIGUCCI JR., Davi. A beleza humilde e áspera. In: _____. *O cacto e as ruínas*: a poesia entre outras artes. 2. ed. São Paulo: Duas Cidades/Editora 34, 2000.

_____. Achados e perdidos. In: _____. *Outros achados e perdidos*. São Paulo: Companhia das Letras, 1999.

_____. *Humildade, paixão e morte*: a poesia de Manuel Bandeira. São Paulo: Companhia das Letras, 1990.

_____. O humilde cotidiano de Manuel Bandeira. In: SCHWARZ, Roberto (Org.). *Os pobres na literatura brasileira*. São Paulo: Brasiliense, 1983.

BACIU, Stefan. *Manuel Bandeira de corpo inteiro*. Rio de Janeiro: José Olympio, 1966.

BARBOSA, Francisco de Assis. *Manuel Bandeira, 100 anos de poesia*: síntese da vida e obra do poeta maior do Modernismo. Recife: Pool, 1988.

_____. Manuel Bandeira, estudante do Colégio Pedro II. In: _____. *Achados do vento*. Rio de Janeiro: Ministério da Educação e Cultura/Instituto Nacional do Livro, 1958.

BEZERRA, Elvia. *A trinca do Curvelo*: Manuel Bandeira, Ribeiro Couto e Nise da Silveira. Rio de Janeiro: Topbooks, 1995.

BRASIL, Assis. *Manuel e João*: dois poetas pernambucanos. Rio de Janeiro: Imago, 1990.

BRAYNER, Sônia (Org.). *Manuel Bandeira*. Rio de Janeiro: Civilização Brasileira; Brasília: Instituto Nacional do Livro, 1980.

CANDIDO DE MELLO E SOUZA, Antonio. Carrossel. In: _____. *Na sala de aula*: caderno de análise literária. São Paulo: Ática, 1985.

_____; MELLO E SOUZA, Gilda de. Introdução. In: BANDEIRA, Manuel. *Estrela da vida inteira*: poesias reunidas. Rio de Janeiro: José Olympio, 1966.

CARPEAUX, Otto Maria. Bandeira. In: _____. *Ensaios reunidos*: 1942-1968. Rio de Janeiro: UniverCidade/ Topbooks, 1999.

_____. Última canção – vasto mundo. In: _____. *Origens e fins*. Rio de Janeiro: Casa do Estudante do Brasil, 1943.

CASTELLO, José Aderaldo. Manuel Bandeira – sob o signo da infância. In: _____. *A literatura brasileira*: origens e unidade. São Paulo: Edusp, 1999. v. 2.

COELHO, Joaquim-Francisco. *Biopoética de Manuel Bandeira*. Recife: Massangana, 1981.

_____. *Manuel Bandeira pré-modernista*. Rio de Janeiro: José Olympio; Brasília: Instituto Nacional do Livro, 1982.

CORRÊA, Roberto Alvim. Notas sobre a poesia de Manuel Bandeira. In: _____. *Anteu e a crítica*: ensaios literários. Rio de Janeiro: José Olympio, 1948.

COUTO, Ribeiro. *Três retratos de Manuel Bandeira*. Organização de Elvia Bezerra. Rio de Janeiro: Academia Brasileira de Letras, 2004.

ESPINHEIRA FILHO, Ruy. *Forma e alumbramento*: poética e poesia em Manuel Bandeira. Rio de Janeiro: José Olympio/Academia Brasileira de Letras, 2004.

FONSECA, Edson Nery da. *Alumbramentos e perplexidades*: vivências bandeirianas. São Paulo: Arx, 2002.

FREYRE, Gilberto. A propósito de Manuel Bandeira. In: _____. *Tempo de aprendiz*. São Paulo: Ibrasa; Brasília: Instituto Nacional do Livro, 1979.

_____. Dos oito aos oitenta. In: _____. *Prefácios desgarrados*. Rio de Janeiro: Cátedra; Brasília: Instituto Nacional do Livro, 1978. v. 2.

_____. Manuel Bandeira em três tempos. In: _____. *Perfil de Euclides e outros perfis*. 2. ed. aumentada. Rio de Janeiro: Record, 1987. 3. ed. revista. São Paulo: Global, 2011.

GARBUGLIO, José Carlos. *Roteiro de leitura*: poesia de Manuel Bandeira. São Paulo: Ática, 1998.

GARDEL, André. *O encontro entre Bandeira e Sinhô*. Rio de Janeiro: Secretaria Municipal de Cultura/ Departamento Geral de Documentação e Informação Cultural/Divisão de Editoração, 1996.

GOLDSTEIN, Norma Seltzer. *Do penumbrismo ao Modernismo*: o primeiro Bandeira e outros poetas significativos. São Paulo: Ática, 1983.

_____ (Org.). *Traços marcantes no percurso poético de Manuel Bandeira*. São Paulo: Humanitas, 2005.

GOYANNA, Flávia Jardim Ferraz. *O lirismo antirromântico em Manuel Bandeira*. Recife: Fundarpe, 1994.

GRIECO, Agrippino. Manuel Bandeira. In: _____. *Poetas e prosadores do Brasil*: de Gregório de Matos a Guimarães Rosa. Rio de Janeiro: Conquista, 1968.

GUIMARÃES, Júlio Castañon. *Manuel Bandeira*: beco e alumbramento. São Paulo: Brasiliense, 1984.

_____. *Por que ler Manuel Bandeira*. São Paulo: Globo, 2008.

IVO, Lêdo. *A república da desilusão*: ensaios. Rio de Janeiro: Topbooks, 1994.

_____. Estrela de Manuel. In: _____. *Poesia observada*: ensaios sobre a criação poética e matérias afins. 2. ed. São Paulo: Duas Cidades, 1978.

_____. *O preto no branco*: exegese de um poema de Manuel Bandeira. Rio de Janeiro: São José, 1955.

JUNQUEIRA, Ivan. Humildade, paixão e morte. In: _____. *Prosa dispersa*: ensaios. Rio de Janeiro: Topbooks, 1991.

_____. *Testamento de Pasárgada*. Rio de Janeiro: Nova Fronteira, 1980. 3. ed. São Paulo: Global, 2014.

KOSHIYAMA, Jorge. O lirismo em si mesmo: leitura de "Poética" de Manuel Bandeira. In: BOSI, Alfredo (Org.). *Leitura de poesia*. São Paulo: Ática, 1996.

LIMA, Rocha. *Dois momentos da poesia de Manuel Bandeira*. Rio de Janeiro: José Olympio, 1992.

LOPEZ, Telê Porto Ancona (Org.). *Manuel Bandeira*: verso e reverso. São Paulo: T. A. Queiroz, 1987.

MARTINS, Wilson. Bandeira e Drummond... In: _____. *Pontos de vista*: crítica literária 1954-1955. São Paulo: T. A. Queiroz, 1991. v. 1.

_____. Manuel Bandeira. In: _____. *A literatura brasileira*: o Modernismo. São Paulo: Cultrix, 1965. v. 6.

MERQUIOR, José Guilherme. O Modernismo e três dos seus poetas. In: _____. *Crítica 1964-1989*: ensaios sobre arte e literatura. Rio de Janeiro: Nova Fronteira, 1990.

MILLIET, Sérgio. *Panorama da moderna poesia brasileira*. Rio de Janeiro: Ministério da Educação e Saúde/ Serviço de Documentação, 1952.

MONTEIRO, Adolfo Casais. *Manuel Bandeira*. Rio de Janeiro: Ministério da Educação e Cultura/Serviço de Documentação, 1958.

MORAES, Emanuel de. *Manuel Bandeira*: análise e interpretação literária. Rio de Janeiro: José Olympio, 1962.

MOURA, Murilo Marcondes de. *Manuel Bandeira*. São Paulo: Publifolha, 2001.

MURICY, Andrade. Manuel Bandeira. In: _____. *A nova literatura brasileira*: crítica e antologia. Porto Alegre: Globo, 1936.

_____. Manuel Bandeira. In: _____. *Panorama do movimento simbolista brasileiro*. 2. ed. Brasília: Conselho Federal de Cultura/Instituto Nacional do Livro, 1973. v. 2.

PAES, José Paulo. Bandeira tradutor ou o esquizofrênico incompleto. In: _____. *Armazém literário*: ensaios. São Paulo: Companhia das Letras, 2008.

_____. Pulmões feitos coração. In: _____. *Os perigos da poesia e outros ensaios*. Rio de Janeiro: Topbooks, 1997.

PONTIERO, Giovanni. *Manuel Bandeira*: visão geral de sua obra. Tradução de Terezinha Prado Galante. Rio de Janeiro: José Olympio, 1986.

ROSENBAUM, Yudith. *Manuel Bandeira*: uma poesia da ausência. São Paulo: Edusp; Rio de Janeiro: Imago, 1993.

SENNA, Homero. Viagem a Pasárgada. In: _____. *República das letras*: 20 entrevistas com escritores. 2. ed. revista e ampliada. Rio de Janeiro: Gráfica Olímpica, 1968.

SILVA, Alberto da Costa e. Lembranças de um encontro. In: _____. *O pardal na janela*. Rio de Janeiro: Academia Brasileira de Letras, 2002.

SILVA, Beatriz Folly e; LESSA, Maria Eduarda de Almeida Vianna. *Inventário do arquivo Manuel Bandeira*. Rio de Janeiro: Fundação Casa de Rui Barbosa, 1989.

SILVA, Maximiano de Carvalho e. *Homenagem a Manuel Bandeira*: 1986-1988. Niterói: Sociedade Sousa da Silveira; Rio de Janeiro: Monteiro Aranha/Presença, 1989.

SILVEIRA, Joel. Manuel Bandeira, 13 de março de 1966, em Teresópolis: "Venham ver! A vaca está comendo as flores do Rodriguinho. Não vai sobrar uma.

Que beleza!". In: _____. *A milésima segunda noite da avenida Paulista e outras reportagens*. São Paulo: Companhia das Letras, 2003.

VILLAÇA, Antonio Carlos. M. B. In: _____. *Encontros*. Rio de Janeiro/Brasília: Editora Brasília, 1974.

_____. Manuel, Manu. In: _____. *Diário de Faxinal do Céu*. Rio de Janeiro: Lacerda, 1998.

XAVIER, Elódia F. (Org.). *Manuel Bandeira*: 1886-1986. Rio de Janeiro: UFRJ/Antares, 1986.

XAVIER, Jairo José. *Camões e Manuel Bandeira*. Rio de Janeiro: Ministério da Educação e Cultura/ Departamento de Assuntos Culturais, 1973.

Índice de primeiros versos

A doce tarde morre. E tão mansa	31
A mata agita-se, revoluteia, contorce-se toda e sacode-se!	59
A noite... O silêncio...	55
A tua boca ingênua e triste	37
Ardo em desejo na tarde que arde!	27
As estrelas, no céu muito límpido, brilhavam, divinamente distantes.	53
Bélgica dos canais de labor perseverante,	39
Cai cai balão	63
Como tenho pensado em ti na solidão das noites úmidas,	29
Esta estrada onde moro, entre duas voltas do caminho,	49
Esta minha estatuazinha de gesso, quando nova	57
Mar que ouvi sempre cantar murmúrios	35
Murmúrio d'água, és tão suave a meus ouvidos...	33
Na feira livre do arrabaldezinho	67
Na sombra cúmplice do quarto,	21
Noite morta.	61
O menino dorme.	23
O que eu adoro em ti,	45
Os aguapés dos aguaçais	65
Os meninos carvoeiros	51
Quando perderes o gosto humilde da tristeza,	47
Santa Maria Egipcíaca seguia	25
Sino de Belém,	43
Tu amarás outras mulheres	41

Índice

Um lirismo verdadeiramente vivo – *Alcides Villaça*	11
O silêncio	21
O menino doente	23
Balada de Santa Maria Egipcíaca	25
O espelho	27
Na solidão das noites úmidas	29
Felicidade	31
Murmúrio d'água	33
Mar bravo	35
Carinho triste	37
Bélgica	39
A vigília de Hero	41
Os sinos	43
Madrigal melancólico	45
Quando perderes o gosto humilde da tristeza...	47
A estrada	49
Meninos carvoeiros	51
Sob o céu todo estrelado	53
Noturno da Mosela	55
Gesso	57
A mata	59
Noite morta	61
Na Rua do Sabão	63
Berimbau	65
Balõezinhos	67

Cronologia	71
Bibliografia básica sobre Manuel Bandeira	77
Índice de primeiros versos	83